LA
COMTESSE DE CHAMBORD

MARIE-THÉRÈSE, REINE DE FRANCE

ORIGINE — ENFANCE
VIE — PORTRAIT — AVENIR

PAR

Prosper VÉDRENNE

Quatrième Édition. — Prix . 30 c., franco, 40 c.

PARIS

LIBRAIRIE SAINT-JOSEPH

TOLRA, LIBRAIRE-ÉDITEUR

68, RUE BONAPARTE, 68

1871

COMTESSE DE CHAMBORD

MARIE-THÉRÈSE, REINE DE FRANCE

I.

La Reine de France.

L'épouse d'Henri V appartient à la France ; ses vertus sont notre bien ; comme le roi, son époux, elle est née pour notre bonheur. Cependant Marie-Thérèse est peu connue ; l'éloignement, l'exil sont des voiles qui nous la cachent ; son humilité la dérobe encore plus à nos regards. Elle s'efface, elle se **tait** pour ne laisser voir et entendre qu'Henri. — La France ne la connaît pas. Quel peuple sait voir de loin ? Par delà cette distance qui la sépare de nous, sous la protection de cet humble silence, marque ordinaire des grandes vertus, non-seulement Marie-Thérèse a été ignorée, mais même elle a été méconnue ; plus d'un préjugé s'est établi, plus d'une erreur s'est répandue. Non, la France ne sait pas les trésors d'intelligence, d'énergie, de piété, de dévouement que recouvre cette incomparable modestie.

Cependant, c'est une vérité qu'il faut dire : Marie-Thérèse est à la hauteur de son rang et de son destin ; elle est digne de l'alliance que le ciel lui a réservée. C'est une femme éminente, ce sera une grande et sainte reine.

Le premier, grâce à Dieu, j'ai osé crier : Vive le roi ! et ce cri si national, si français, quoique poussé par une voix inconnue, a trouvé de nombreux échos. Encouragé par le succès d'une brochure toute écrite avec le cœur, j'ose aujourd'hui parler encore à mes concitoyens, et, dans quelques pages simples et vraies, leur faire le portrait de notre souveraine ; moi qui souhaite à la reine tous les bonheurs, je me décide à la contrister dans la plus chère de ses vertus ; d'une main pleine de respect, j'ose écarter les voiles dont sa belle âme aime à se couvrir. Que cette royale humilité me le pardonne ! Dans les temps terribles où nous vivons, les souverains selon le cœur de Dieu sont des victimes immolées chaque jour au bien des peuples. Madame, c'est le sacrifice qui commence où le règne va commencer !

II.

Origine de Marie-Thérèse. — Son enfance. Son éducation.

La reine Marie-Thérèse est archiduchesse d'Autriche et princesse de Modène. Si Henri V se fût marié sur le trône, au comble de la puissance et de la gloire, il n'eût pu faire une alliance plus digne de lui. La maison d'Este est une des plus anciennes et des plus illustres de l'Europe. Elle est la souche d'où sont sortis les Brunswick qui règnent en Hollande et les Nassau qui occupent le trône d'Angleterre. Elle s'est fréquemment alliée aux maisons de Hapsbourg, de Bavière, de Parme, de Savoie. Elle a régné sur Este, Modène, Padoue, Ferrare, Reggio; le duché de Carrare et de Massa faisait partie de ses possessions; elle descend des anciens ducs de Toscane qui gouvernaient Florence au temps du pape Étienne et de Charlemagne.

Le dernier prince de cette illustre famille, Hercule III, duc de Modène, n'avait que des filles; l'aînée, d'après la loi du pays, fut son héritière.

Elle épousa un archiduc d'Autriche, Ferdinand, fils de la grande Marie-Thérèse, et lui porta en dot le nom et la principauté de la maison d'Este. Cette nouvelle dynastie des ducs de Modène est donc une branche de la maison d'Autriche, la plus grande des familles souveraines après celle de nos rois, que le pape saint Grégoire estimait, du temps de Clovis, aussi supérieurs aux autres rois que ceux-ci sont supérieurs à leurs sujets. C'est de cette famille d'Este-Hapsbourg qu'est née Marie-Thérèse, épouse d'Henri V. Son père François IV, duc de Modène, se fit remarquer par une inviolable fidélité au principe monarchique ainsi que par la droiture et l'énergie de son caractère. Quand tous les souverains de l'Europe avaient reconnu les faits accomplis en France, en 1830, seul, il ne cessa de protester contre eux. Son fils, François V, frère de notre Marie-Thérèse, a gardé la même conduite envers Bonaparte. Bonaparte aussi s'en souvint. La première conséquence de ses victoires sur l'Autriche fut la déchéance du duc de Modène et des autres princes de la haute Italie. La spolia-tion de Pie IX suivit de près. C'était alors le beau temps de notre alliance avec Emmanuel et Gari-baldi ; pour Napoléon, tous les hommes sérieux le comprirent, c'était le commencement de la fin. Le duc François reçut dans son malheur les marques de la plus touchante affection et d'une rare fidélité. Tous les honnêtes gens de ses États firent éclater leur douleur. Sa petite armée demeura à ses ordres et le suivit tout entière dans son exil.

Marie-Thérèse ne trouva dans sa famille que des modèles de vertu; la petite cour de Modène était digne de servir d'exemple à toutes les cours. La duchesse Béatrix de Savoie, mère de notre reine, était une princesse accomplie, comme toutes les femmes de cette maison de Savoie, si sainte autrefois, si dégénérée aujourd'hui. Elle éleva ses enfants dans les sentiments héréditaires de sa première et de sa seconde famille. Son influence fut grande, surtout dans l'éducation de ses deux filles, Marie-Thérèse, aujourd'hui comtesse de Chambord, et Marie Béatrix, épouse de l'infant d'Espagne don Juan, et mère du roi légitime Charles VII : deux femmes du plus grand mérite, deux princesses dignes du trône.

L'enfance et la jeunesse de Marie-Thérèse s'écoulèrent dans une profonde paix. Elle était née plusieurs années après que la restauration du roi de France avait préludé à celle de tous les princes dépossédés par l'ambition de Bonaparte. La révolution semblait vaincue. C'était du moins une trêve dont l'Europe jouissait avec l'espérance de la voir durer longtemps. La famille archiducale de Modène, détrônée en 1805 et restaurée en 1814, goûtait le bonheur de rendre ses sujets heureux et s'y consacrait tout entière. Marie-Thérèse était sa joie ; toute jeune encore, elle montrait le plus aimable caractère et d'excellentes dispositions. Son instruction fut très-soignée. On lui donna les précepteurs les plus habiles, les maîtresses les plus estimées ; mais sa sainte mère était la première, la seule véritable maîtresse ; elle veillait à tout, elle animait par sa présence les moindres détails de l'enseignement. Marie-Thérèse répondait à ses soins par ses progrès. Elle grandissait, aimable et studieuse, sous les caresses de sa famille et au milieu des bénédictions du peuple qui la chérissait, et lui prodiguait ses acclamations les plus sympathiques. Ainsi s'écoula, paisible et sainte, la jeunesse de Marie-Thérèse. Par ses gracieuses vertus, par ses travaux et ses études, elle se préparait sans le savoir à devenir la compagne d'un grand roi dans ses exils, et, plus tard, l'ornement du premier trône du monde.

III.

Le saint archiduc Maximilien. — Son amitié pour Marie-Thérèse.

Avant d'être l'objet de ce choix qui devait nous la donner pour reine, Marie-Thérèse, toute jeune encore, fut honorée d'une amitié dont il faut dire quelques mots, car elle prouve, mieux que tous les éloges, ses qualités et ses vertus.

Le frère de son père, l'archiduc Maximilien, avait donné dès sa plus tendre jeunesse des signes d'une éminente sainteté. Ce prince, cousin et beau-frère de l'empereur, n'avait de goût qu'aux études militaires et aux exercices de piété ; tout le reste n'était rien pour lui. Le monde, la cour, les plaisirs, les grandeurs ne lui inspiraient que de l'ennui. Il avait la passion des armes et surtout de l'artillerie où il montra plus tard les plus grands talents; en même temps il chérissait la prière, les sacrements, la mortification, les pauvres, tous les objets de la religion. Ces goûts si rarement réunis, surtout dans le cœur des princes, le conduisirent au noviciat des chevaliers teutoniques. C'était un

ordre de religieux hospitaliers et militaires, fondé
à Jérusalem pour la garde du Saint Sépulcre, puis
chassé d'Asie par les victoires des Musulmans, et
qui s'était répandu en Allemagne, où il avait de
grandes richesses et faisait beaucoup de bien. Toujours religieux et militaire, cet ordre ajoutait aux
trois vœux monastiques, celui de combattre sur
l'appel de l'empereur ou du pape pour la patrie et
la religion. Maximilien fut d'abord novice, puis
chevalier : puis, après avoir suivi tous les degrés
de cette sainte milice, il en fut nommé Grand-
Maître.

Cependant la vocation de ce prince fut mise à
de grandes épreuves. A peine avait-il fait ses vœux
qu'il lui survint de grandes richesses, et son frère,
le duc régnant de Modène, ayant vécu plusieurs
années dans le mariage sans avoir d'enfants, le
chevalier parut appelé à lui succéder. Alors on le
pressa de demander dispense de ses vœux. La raison du bien public semblait évidente, et l'empereur la fit instamment valoir auprès de lui, mais en
vain. Maximilien préférait à tout sa glorieuse vocation. Combattre et prier étaient les deux seuls
amours, les deux seuls bonheurs de son âme. Dans
la place éminente de grand-maître d'un ordre si
fameux par son opulence, Maximilien resta, comme

aux premiers jours de son noviciat, humble, simple, pieux ; il fut la gloire de son ordre et l'admiration de l'empire. Tous les princes de l'Allemagne et de l'Italie le vénéraient, les peuples le regardaient comme un saint.

Maximilien témoignait à sa nièce Marie-Thérèse une affection toute particulière, une préférence unique d'estime, de confiance et de dévouement. Il la considérait comme sa fille, ou plutôt, quoiqu'il eût quarante ans de plus qu'elle, comme sa sœur. Il aimait à prier et à étudier avec elle ; il l'associait à ses œuvres de charité ; quand elle eut dépassé sa vingtième année, il ne dédaignait pas de prendre ses conseils sur des fondations importantes et d'autres objets de miséricorde ou de religion. On admirait la tendresse du saint vieillard pour la jeune princesse, et en même temps les vertus de Marie-Thérèse qui lui méritaient, à cet âge, l'amitié de ce grand serviteur de Dieu. « Je veux continuer à vivre en toi, lui écrivait-il, tu me remplaceras dans toutes mes œuvres. » Se sentant à la fin de ses jours, il jeta les yeux sur Marie-Thérèse, devenue comtesse de Chambord, pour en faire l'exécutrice de ses dernières volontés.

« Thérèse, lui dit-il un jour qu'ils étaient seuls,

j'ai pensé à toi, j'ai fait mon testament pour toi seule.

— Mon oncle, répondit vivement l'épouse d'Henri, je ne veux pas être préférée à mes parents.

— Je le sais, mon enfant, dit le saint vieillard, je te connais bien; mais sois tranquille, je ne te laisserai que des charges.

— En ce cas j'accepte, dit Marie-Thérèse, et vos intentions seront remplies. »

Il fut fait comme ils avaient dit. Le testament de Maximilien partageait en fondations religieuses et en bonnes œuvres de tout genre son immense fortune patrimoniale. Marie-Thérèse, aidée de son auguste époux, dut consacrer plusieurs années à ces distributions parfois minutieuses. Elle y mit une générosité et une patience sans égales. Au bout de ses soins, la noble femme avait dépensé quelque peu de sa propre fortune au partage de cette magnifique succession; mais les intéressés étaient satisfaits, les intentions du pieux vieillard étaient remplies. Il revivait dans sa chère enfant.

En 1829, le vieux duc de Bourbon se voyait, lui aussi, mourir sans enfants. Il voulait léguer à Henri de France sa fortune de quatre-vingts millions. Oh! merci, répondit la mère, Henri est destiné à la couronne, et le roi de France n'a besoin

de rien. On le voit, Marie-Thérèse pouvait devenir
la fille de Marie-Caroline ; toutes les deux étaient
dignes d'Henri.

IV.

Mariage de Marie-Thérèse.— Joie des deux familles.

Cependant Henri de France avait plus de vingt-
cinq ans, et les royalistes français priaient ardemment le ciel de lui choisir une épouse selon son
cœur. C'était en 1846, vers la fin de cet établisse-
ment de juillet qui commençait à succomber sous
la force logique de son origine révolutionnaire et
sous le discrédit des corruptions qu'il avait appe-
lées à son secours. Plusieurs fois Henri avait songé
à des alliances qui semblaient devoir combler nos
vœux ; mais la diplomatie du gouvernement français avait toujours mis obstacle à ses desseins. La
famille d'Orléans semblait sûre de l'avenir ; les
maisons régnantes qui, d'abord, avaient mal ac-
cueilli son avénement, s'étaient ensuite rappro-
chées d'elle. On vit jusqu'aux Bourbons de Naples

oublier leur ancienne fidélité et donner une épouse au duc d'Aumale, un des fils de Louis-Philippe. Il était donc difficile à Henri de France de faire un mariage selon son rang ; le cabinet des Tuileries, qui gênait autant qu'il le pouvait ses moindres voyages, surveillait surtout les démarches qu'il eût pu faire dans ce but pour les empêcher d'aboutir.

Mais que peut faire la politique sur la providence ? Que peuvent les hommes contre Dieu ?

Sans penser encore à Marie-Thérèse, et dans un temps où la fille de Louis XVI, de concert avec l'archiduc Maximilien, songeait pour lui à une autre épouse, Henri de France la vit à la cour du duc son père, où il était allé passer quelques jours ; son cœur en fut vivement frappé. Il admira l'air de grandeur et de distinction qui brillait dans tous ses traits, la vivacité et la bienveillance de son regard, l'incomparable douceur de son sourire, ce caractère de droiture et de vérité, d'amabilité dont tous ceux qui l'approchent sont saisis ; il entendit dans toutes les bouches l'expression de l'estime, du respect, de l'affection qu'elle inspirait. Il se recueillit, l'auguste exilé, devant ces qualités si parfaites qui lui apparaissaient tout à coup comme une révélation soudaine ; il réfléchit, il pria, et Dieu qui gouverne à son gré les cœurs qui lui sont fidèles, fit comprendre à Henri que c'était l'épouse qu'il lui destinait. Une seule chose eût pu le faire hésiter ; l'archiduchesse avait deux ans de plus que lui. Henri n'en fut pas un seul instant arrêté. Une épouse à peine sortie de l'enfance eût moins convenu à l'austérité de ses exils, aux épreuves, aux difficultés, aux douleurs qu'il pouvait rencontrer sur son chemin. Il demanda Marie-Thérèse.

La famille de Modène sentit comme elle le devait l'honneur de ce choix ; l'archiduchesse surtout en fut profondément flattée. Elle se dévoua de toute la puissance de son cœur à la destinée mystérieuse que le ciel lui révélait.

A côté d'Henri de France et de Marie-Thérèse vivaient deux cœurs qui sentirent les premiers, et peut-être plus que personne, la joie de cette alliance : c'était le saint archiduc Maximilien, et l'auguste Marie-Thérèse, fille de Louis XVI, la mère adoptive de Henri, la figure la plus pathétique qui fût en Europe, comme parlait un républicain célèbre ; cette femme dont les vertus et les malheurs sont montés si haut, disait M. Crémieux, qu'ils sont devenus une des gloires de la France et l'admiration du monde entier. Emportée dans un troisième exil par la Révolution de 1830, elle n'avait pu cesser d'aimer la France qui l'abreuvait de tant de douleurs. C'était une véritable passion dans son âme, et c'était la seule. Comme ce Foscari, doge de Venise, qui adorait la République dans les fers où elle le retenait, dans les tortures qu'elle lui faisait souffrir, Marie-Thérèse adorait la France. Elle n'avait de cœur et de pensée que pour elle et pour Henri qui devait en être le sauveur. Ce mariage combla ses vœux. Ce fut un instant de joie dans une grande existence, tout entière vouée aux douleurs, un rayon de soleil à la fin d'une journée que la tempête avait incessamment tourmentée.

Le mariage par procuration fut célébré à Modène le 7 novembre 1846. M. le duc de Lévis reçut, au nom du roi de France, la foi de Marie-Thérèse; puis la princesse se mit en marche pour Frosh-dorff, où réside son époux. Son frère, l'archiduc François d'Autriche d'Este, duc régnant de Modène, l'accompagnait avec plusieurs personnages de distinction. Ses deux oncles, Ferdinand d'Autriche et le grand maître Maximilien, allaient un peu en avant.

V.

Départ de Marie-Thérèse pour Froshdorff. — Cérémonie du mariage.

Marie-Thérèse voulut quitter Modène en voiture découverte pour voir encore une fois le peuple de la ville. Son départ fut un triomphe mêlé de bénédictions et de pleurs. Marie était surtout aimée pour sa charité envers les pauvres; de toutes les vertus des princes, c'est, sans contredit, la plus populaire. L'archiduchesse faisait d'immenses aumônes. Au lieu d'envoyer comme tant d'autres personnes de son rang, ses charités aux malheureux, elle aimait à les leur porter elle-même, à s'occuper d'eux personnellement, à encourager de sa présence toutes les œuvres établies en leur faveur. Le soir surtout, au déclin du jour, suivie seulement d'une ou deux confidentes de ses bonnes œuvres, elle allait visiter les établissements de charité, ou même le pauvre dans sa maison. Souvent elle avait l'heureuse chance de parcourir sans être remarquée les rues de la ville. Qu   ois le peuple la reconnais-

1...

sait, et, alors, il lui fallait regagner, toute confuse, le palais ducal au milieu des applaudissements de la foule. Ainsi Louis XVI et Marie-Antoinette s'échappaient parfois de la Cour, pour aller, comme ils disaient, en bonne fortune; ainsi le père et la mère d'Henri, ignorés dans la foule, prodiguaient leurs aumônes en s'efforçant de les cacher. Ainsi, tous nos princes, unissant la miséricorde à la modestie, faisaient leurs délices de secourir le pauvre à l'abri de l'admiration populaire et des flatteries.

Quand le peuple de Modène apprit le prochain départ de sa bonne archiduchesse, il fit éclater sa douleur. Les pauvres surtout ne pouvaient retenir leurs larmes. La voiture qui l'emporta se faisait lentement un passage au milieu des foules accourues pour la voir encore une fois et la saluer. Evviva! s'écriait le peuple. On agitait des drapeaux, on jetait des fleurs. Revenez! revenez! lui disait-on de toute part. Elle ne pouvait leur répondre, émue qu'elle était du chagrin de les quitter et du bonheur d'être si aimée.

Un nouveau triomphe l'attendait à Bruk et à Froshdorff, et celui-là devait être sans mélange de tristesse. Ces populations chérissaient Henri de France et son auguste famille. Comme à Edimbourg, à Prague, à Kirchberg, à Goritz, comme dans tous leurs exils, les Bourbons s'étaient acquis le respect des peuples et leur amour. La fille de Louis XVI inspirait une profonde vénération. On l'appelait la reine et on l'honorait comme une sainte. Elle ne pouvait sortir du château sans recevoir les hommages de la foule. Henri de France possédait aussi tous les cœurs. Quand il allait, le noble jeune homme, à cheval au milieu de ses serviteurs et de ses amis, dans les campagnes prochaines, tous les fronts se découvraient devant lui, les paysans accouraient sur son chemin pour l'admirer et le saluer. Ces sentiments éclatèrent à l'occasion de son mariage. La petite ville de Bruk illumina, le soir du 16 novembre, comme au passage de l'empereur. On lui fit des arcs de triomphe avec des inscriptions qui proclamaient ses vertus et les vœux publics. C'est dans la chapelle du château de Bruk que les deux époux reçurent la bénédiction nuptiale; c'est de là qu'ils se rendirent ensemble à Froshdorff où la reine devait habiter jusqu'à l'heure de la Providence. Bien avant d'arriver à cette résidence, les deux époux retrouvèrent, comme au départ de Modène et aux approches de Bruk, les drapeaux, les inscriptions, les arcs de verdure, la jonchée de rameaux et de

fleurs. La politique et l'ambition étaient étran-
gères à ces transports; ils étaient d'autant plus
chers aux exilés.

A quoi bon raconter les détails de cette fête de
famille? Le lecteur n'a pas de peine à les deviner;
de longs récits, des descriptions minutieuses l'in-
téresseraient assez peu au milieu des préoccupa-
tions de l'heure présente. Tout se fait dans la
maison du roi avec une grandeur, une dignité,
une convenance modeste et gracieuse que personne n'a pu s'empêcher de reconnaître. Dans le
beau jour de son mariage la joie la plus pure
rayonnait sur tous les fronts. Quant à l'épouse,
elle ne cherchait point à cacher la sienne. Son
sort lui paraissait au-dessus de toute ambition;
elle se recueillait devant l'incomparable honneur
de cette alliance et demandait à Dieu d'élever son
âme à la hauteur de son destin.

VI.

Joie des royalistes français.

La France était absente de ces fêtes. Elle en ignorait même le sujet. Henri avait dû garder jusqu'au dernier moment le secret de son bonheur que la diplomatie du juste-milieu se fût efforcé d'empêcher. Nous l'apprîmes, il m'en souvient, quand il était accompli, mais la France royaliste ne l'apprit pas avec indifférence. Elle avait pleuré sur les tombes de Charles X et de son fils, elle tressaillit d'espérance et de joie au mariage d'Henri V. Le 16 novembre et les jours suivants, les prêtres de Paris ne pouvaient suffire à célébrer toutes les messes demandées pour les augustes époux. Il en fut de même dans un grand nombre de villes. Les royalistes s'étaient souvent retrouvés depuis 1830 dans les églises drapées de noir, autour de monuments funéraires; ils se voyaient enfin avec bonheur réunis au pied des autels pour un objet plus consolant. Le juste-milieu n'était pas là avec ses employés et ses fonctionnaires, ses écharpes et ses drapeaux ; la seule fidélité au malheur s'y était donné rendez-vous, et pourtant les foules étaient nombreuses, plusieurs nefs furent remplies. — Après les prières publiques ce fut le tour des réunions joyeuses, des banquets. Paris en compta un grand nombre, tant de gens du peuple et d'ouvriers, que de gentilshommes et de bourgeois. Le ministre eut peur, à la fin, de ces réunions inoffensives, et, malgré leur excellente tenue, il en fit disperser plusieurs, sous le prétexte qu'elles étaient trop nombreuses ; évidemment il voulait empêcher qu'on en fît d'autres.

Il y eut aussi des présents et des adresses. Toutes les aristocraties eurent les leurs ; le peuple de Paris eut aussi les siennes. Les ouvriers firent des souscriptions pour envoyer des dons gracieux. Les marchandes de la halle firent mieux encore : deux d'entre elles allèrent à Froshdorff, aux frais et au nom des autres, porteuses de leurs hommages et de leurs dons.

Oh ! le noble pays que la France ! Oh ! l'admirable peuple que le nôtre ! Il y avait seize ans qu'Henri V et sa famille étaient exilés, qu'on les avait chassés et proscrits, que le vent du malheur soufflait sur eux, et tournait contre eux les ambitions et les intérêts, seize ans de prospérités du

juste-milieu, seize ans de caricatures, de moque-
ries indécentes, d'obscènes chansons sur les exilés, et la France n'avait pu les oublier ; elle se
rappelait leur grandeur et leur bonté, leurs bienfaits et leur gloire ; des millions de cœurs battaient
encore pour eux ; de simples ouvriers, de pauvres
femmes se privaient du nécessaire pour envoyer à
la fiancée du proscrit, à la reine exilée, des présents et des hommages. Les habiles du juste-milieu, les doctrinaires de l'usurpation n'en reve-
naient pas ; les propagateurs de caricatures et de
calomnies n'y comprenaient rien ; ils ne surent
même pas dissimuler leur mécontentement et leur
confusion.

VII.

Chateaubriand et Marie-Thérèse.

En ce temps-là, Chateaubriand commençait sa
soixante-dix-neuvième année, l'avant-dernière de
sa vie. Son intelligence n'avait encore rien perdu ;
son cœur ne se ressentait pas du poids des années.
Plus que jamais il restait ardemment fidèle aux

grandes lignes de sa vie, comme il aimait à dire lui-même. Il écrivit à la nouvelle reine :

Madame,

Une lèttre de Monsieur le comte de Chambord m'avait annoncé tout son bonheur. Je me retire ordinairement devant les prospérités, elles sont hors de ma compétence. Cependant je ne puis me taire cette fois.

Recevez, je vous en supplie, Madame, les vœux d'un homme qui n'a pas cessé un moment d'espérer ce qu'il voit aujourd'hui s'accomplir.

Il ne peut s'empêcher de pousser un cri de joie qu'il vous remercie d'avoir arraché de son sein.

Je suis avec respect, Madame, votre très-humble et très-obéissant serviteur,

CHATEAUBRIAND.

Cette noble lettre reçut bientôt une réponse.

Monsieur le vicomte de Chateaubriand,

Devenue Française de cœur et de sentiment, je suis heureuse et fière que mon mariage ait été pour ma nouvelle patrie une occasion d'entendre votre voix — une des gloires de la France — lui parler encore d'espérance et de joie. Oui, prions avec ferveur pour la prospérité de notre chère patrie, et Dieu fera luire enfin un jour où la France ne voudra pas retenir loin d'elle ses enfants les plus dévoués.

Recevez, Monsieur le vicomte de Chateaubriand, l'assurance de mon affection,

MARIE-THÉRÈSE.

Ces quelques paroles étaient les premières que la princesse eût fait entendre hors du cercle de sa famille et de son intimité. Devenue reine, elle commençait à parler pour la France et devant l'Europe. Elle ne pouvait le faire dans un langage plus digne et plus modeste à la fois. La France royaliste recueillit ces quelques paroles avec un respectueux attendrissement : on y entrevoyait le cœur de la reine. C'etait une puissance nouvelle, un charme de plus que Dieu donnait à la majesté de l'exil.

VIII.

Largesses de Henri de France à l'occasion de son mariage. — Admiration de tous les partis.

Cependant les pauvres de la patrie ne pouvaient être oubliés ; jamais ils ne l'ont été par nos princes dans les événements heureux ou malheureux de leur famille.

Henri de France écrivit à un des hommes de sa confiance :

Monsieur le marquis de Pastoret,

Je désire que, à l'occasion de mon mariage, les pauvres aient part à la joie que m'inspire cette nouvelle preuve de la protection du ciel sur ma famille et sur moi ; et il me paraît que ceux de Paris ont un droit particulier à mon intérêt, car je n'oublie pas que c'est dans cette ville que je suis né ; et que j'ai passé les premières années de ma vie. Je m'empresse, en conséquence, de vous annoncer que je mets à votre disposition une somme de vingt mille francs que je vous charge de distribuer.

Dans la répartition de ce secours, vous n'aurez égard à aucune autre considération qu'à celle des besoins et de la position plus ou moins malheureuse de chacun, vous concertant à cet effet avec quelques-uns de mes fidèles amis qui seront heureux de vous prêter le concours de leur zèle pour vous aider à remplir mes intentions. Je n'ai qu'un seul regret, c'est de ne pouvoir pas donner davantage. Quand je pense surtout à la misère qui règne en ce moment, et dont l'hiver qui s'approche ne peut qu'augmenter encore les rigueurs, je voudrais avoir des trésors à répandre pour soulager tant de souffrances. Je suis sûr que mes amis sentiront comme moi la nécessité de s'imposer de nouveaux sacrifices et de rendre leurs aumônes plus abondantes que jamais. Ils ne peuvent rien faire qui me soit plus agréable : c'est d'ailleurs le grand moyen d'éloigner de notre commune et chère patrie les maux qui la menacent, et d'attirer sur elle les bénédictions qui peuvent assurer son bonheur.

Je vous renouvelle, Monsieur le marquis de Pastoret, l'assurance de toute mon estime et de toute mon affection,

HENRI.

2.

Et deux jours après :

Monsieur le marquis de Pastoret,

Vous savez que c'est surtout par des secours distribués aux classes indigentes que je désire marquer l'heureuse époque de mon mariage, et remercier la divine Providence d'avoir écarté les obstacles qui s'y étaient opposés jusqu'ici. Quoique forcé de vivre sur la terre étrangère, je ne puis jamais être indifférent ou insensible aux maux de la patrie. En pensant à la cherté des subsistances et aux justes craintes qu'elle inspire pour la saison rigoureuse où nous allons entrer, j'ai cherché comment je pourrais contribuer au soulagement de la misère publique. Il m'a paru que le meilleur emploi à faire des sommes dont je puis disposer, c'est de les consacrer à établir à Chambord et dans les forêts qui nous appartiennent encore des ateliers de charité qui, offrant aux habitants pauvres de ces contrées un travail assuré pendant l'hiver prochain, leur fournissent les moyens de pourvoir à leurs besoins et à ceux de leur famille. Je vous charge donc de prendre les mesures nécessaires pour l'exécution d'un projet que j'aimerais à voir s'étendre à la France entière. Pour moi, je me féliciterai du moins d'avoir pu adoucir le sort de

Français malheureux qui, par leur position particulière, ont encore plus de titres à mon intérêt.

Je vous renouvelle, Monsieur le marquis de Pastoret, l'assurance de toute mon estime et de toute mon affection.

HENRI.

Il faut le dire, à part les hommes du gouvernement et les révolutionnaires de parti pris, la France entière lut ces lettres avec un vrai sentiment d'amour et d'orgueil. Elle y reconnut le cœur de ses anciens rois. Henri V rappelait ses prédécesseurs en les imitant : saint Louis qui se dépouillait lui-même de tout, en Terre-Sainte, pour soulager ses compagnons d'armes; Louis XII qui vendait jusqu'à sa vaisselle, en temps de disette, pour donner du pain à ses sujets; Henri IV qui fit tant pour les malheureux et qui disait en donnant son dernier écu : le Béarnais est pauvre; s'il était riche, il donnerait bien davantage ; enfin Louis XVI accusé d'avoir corrompu le peuple à force d'aumônes, et faisant tressaillir ses juges par cette admirable réponse : Il est vrai, je n'avais pas de plus grand bonheur que de donner à ceux qui étaient dans le besoin. On se rappelait des traits de charité royale plus récents encore : Louis XVIII abandonnant aux pauvres dix millions de son revenu dans les terribles années de 1815 et de 1816, et Charles X, dont les aumônes semblaient dépasser les ressources, et qui savait le secret de trouver toujours de quoi donner.

Tel était le cœur de nos princes; Henri V en avait hérité, son mariage le disait bien haut. Le terrible hiver qui suivit le dit plus haut encore. La charité des deux époux fit des prodiges. Aux nouveaux dons envoyés par le roi pour les pauvres de Paris, Marie-Thérèse ajouta dix mille francs pour les inondés de la Loire. Les autres princesses firent parvenir aussi de grandes sommes. Mais ce fut surtout à Chambord et dans le pays d'alentour que s'exerça leur charité. Grâce à leurs soins, le pauvre eut constamment du bois, du travail et du pain. Tandis que le gouvernement n'avait pris pour la France aucune mesure en prévision de la disette, cette contrée jouit d'une sorte d'abondance. De grandes provisions avaient été faites, des coupes considérables furent pratiquées dans les forêts en faveur des pauvres; d'importants travaux furent exécutés sur les routes, dans le château et ses dépendances; enfin tous les curés de la contrée reçurent chaque dimanche, pendant la durée de l'hiver, des secours généreux en pain et en

argent pour les pauvres de leur paroisse. Du fond
de leur exil, Henri et Marie-Thérèse furent une
vraie Providence pour cette contrée dont la re-
connaissance retentit dans la France entière. Ce
fut un concert de bénédictions, un applaudisse-
ment général. La presse ennemie ne put s'empêcher d'y prendre part. « Nous croirions faire une
lâcheté, disait la *France Centrale*, en ne publiant
pas le bien que fait à Chambord le propriétaire
absent. » Tous les journaux répétèrent le détail de
ces intelligentes charités. Nous les lisions avec un
tressaillement d'amour et d'orgueil. Les feuilles
légitimistes triomphaient, elles portaient à l'usurpation de juillet si opulente, si coûteuse à la
France, mais si avare, le défi d'imiter le roi légitime, d'égaler seulement ces dons de la royauté
bannie qu'elle pouvait mille fois surpasser. Vains
efforts! Elle s'indignait de l'affront sans ac-
cepter le défi. Elle s'avouait vaincue sur le ter-
rain de la charité. Un de ses princes, le duc de
Montpensier, se maria vers le même temps. Il
épousait la sœur de la reine d'Espagne. L'opulence s'unissait à l'opulence, l'usurpation à l'usurpation. Les fêtes furent splendides. Il y eut des
festins, des bals, des concerts, des adresses, des
réceptions, des illuminations. Le monde officiel fit

voir son zèle, il afflua au château, galonné et brodé comme aux plus grands jours. Rien ne manqua à ces fêtes que la charité; personne n'y fut oublié que les pauvres. — Béni soit Dieu qui donne au fils de sa droite, à son serviteur exilé, ces nobles inspirations, ces pensées du cœur que la France aime tant et que l'usurpation ne sait pas avoir!

IX.

Portrait de Marie-Thérèse tracé par des écrivains royalistes.

Le plus bel éloge qu'on pût faire de Marie-Thérèse et qui la peindrait mieux que tous les portraits, ce serait de raconter sa vie; mais il faudrait faire un livre, et, malgré l'intérêt qui s'attache à cette noble princesse, peu de lecteurs en suivraient attentivement le détail. L'heure présente est suprême, tous les cœurs sont haletants; on veut surtout des nouvelles, on accueille cependant les impressions, mais on ne supporterait guère des études. Aussi bien, la vie de Marie-Thérèse renferme peu d'événements dramatiques. On n'y trouverait guère d'actions extraordinaires et éclatantes. Épouse d'un prince exilé, elle a suivi avec bonheur toutes les phases de sa destinée, elle embellit ses mauvais jours; c'était sa tâche en attendant l'heure de la Providence; elle la remplit avec un inaltérable dévouement, avec joie, avec orgueil, mais sans faste et sans bruit, plus heureuse de partager cet exil que de monter sur les trônes de l'usurpation. Voilà son rôle et sa vie, voilà aussi son portrait. La France peut y porter les yeux avec orgueil; c'est le portrait de la vertu. Elle aura dans Marie-Thérèse une reine selon son cœur, digne héritière de ces grandes et saintes princesses que l'Europe a tant admirées et que les pauvres ont tant bénies.

« Pour les qualités personnelles, écrivait M. Nettement, aucune princesse ne l'emporte sur l'épouse de Henri. » « Madame la comtesse de Chambord, a dit un autre de ses visiteurs (1), est d'une grâce parfaite. Il y a dans toute sa personne une dignité douce et souriante, une distinction pleine de bonté qui inspire l'affection et commande le respect. Aucun portrait n'a pu rendre cette exquise bienveil-

____

(1) M. Ange des Ursins.

lance. C'est le cœur qui l'admire, on ne saurait l'exprimer. Son regard expressif s'illumine de bonheur quand on prononce les noms de la France et de son roi. On devine alors les battements d'un cœur tout français, et l'énergie d'une âme capable d'héroïsme dans les épreuves d'un instant suprême. »

Que le lecteur me pardonne de lui citer encore un écrivain royaliste. En lui présentant différents portraits de cette princesse, je lui fournis le moyen d'en bien apprécier le caractère, de s'en faire une juste idée.

« Madame la comtesse de Chambord est grande, d'une taille élégante, d'une physionomie très-agréable et très-spirituelle. Elle possède à la fois la majesté qui impose et la grâce qui attire. Son caractère élevé, noble et résolu, la mettrait au niveau de toutes les circonstances que le ciel peut lui réserver. En épousant le chef exilé de la maison de Bourbon, la descendante de l'héroïque Marie-Thérèse, dont elle porte les noms, s'est souvenue du sang qui coule dans ses veines. On n'ignore pas les sentiments d'affection profonde qu'elle avait depuis longtemps déjà voués à Henri, et qui lui faisaient préférer l'adversité de l'auguste proscrit aux prospérités, aux grandeurs de tout autre prince. Il lui semblait qu'elle était prédestinée à la plus belle, à la plus sainte mission, et ce pressentiment s'est accompli. Dans la position d'Henri de France, telle était bien la compagne qu'il fallait lui souhaiter, et, sous ce rapport aussi, la Providence a tout conduit d'une manière admirable. Marie-Thérèse était, à Modène, la Providence de tous les malheureux. Sa place était marquée d'avance dans cette famille des Bourbons si généreusement aumônière. Entre Henri et Marie-Thérèse, il y aura l'émulation du bien et de la charité (1). »

X.

Portrait de Marie-Thérèse tracé par un républicain célèbre.

Après les écrivains légitimistes, on lira avec plaisir les impressions de M. Ch. Didier, cet envoyé de la République en 1848, qui, passant par l'Allemagne, voulut visiter le prétendant, comme il dit, et qui prit la plume à son retour pour dire

(1) M. Th. Muret.   2...

au public ce qu'il avait vu. On reconnaîtra, en lisant ces lignes improvisées, le touriste à la vive imagination, aux allures dégagées, au style sans étude; mais la vérité du récit n'y perd rien, non plus que son charme; l'autorité des jugements s'augmente de la liberté et de la sincérité de l'auteur.

« La princesse est fille du feu duc de Modène, sœur par conséquent du duc régnant. Elle parle français avec un accent mixte, moitié italien, moitié allemand, qui accuse sa double origine de princesse allemande, née en Italie. Elle a, je crois, deux ans de plus que son mari. C'est une personne élancée, un peu maigre, mais d'une taille élégante. Elle a de beaux cheveux noirs ondés, des yeux noirs pleins de vie, d'intelligence. Mais un accident de naissance lui dépare la bouche lorsqu'elle parle, et c'est grand dommage, car, à ce léger défaut près, c'est une fort jolie femme.

» Elle portait une robe blanche habillée, les bras nus et une écharpe de velours sur les épaules. Je ferai à sa toilette le reproche d'être trop candide et de ne pas sacrifier assez à la coquetterie. On devine au premier coup d'œil qu'une femme de chambre de Paris n'a pas passé par là.

» C'est une nature distinguée; on la dit bonne,

instruite, d'un caractère facile, et l'on voit qu'elle tient à plaire. Quoique princesse de vieille souche, elle m'a paru timide, mais son embarras n'est pas sans grâce.

» Fière et reconnaissante de son alliance avec le descendant de Louis XIV, elle a de son mari l'opinion la plus haute, et son amour pour lui tient, m'a-t-on dit, de l'adoration. Elle le croit irrésistible, et, plus impatiente que lui, mais impatiente pour lui plus encore que pour elle-même, elle est fermement convaincue qu'il n'aurait qu'à se montrer pour subjuguer tout le monde comme il l'a subjuguée. C'est là toute sa politique, c'est-à-dire, que sa politique est dans son cœur. Elle regrette Venise où elle a vécu avant de s'établir à Froshdorff; à Venise du moins, son mari était en vue, tandis que Froshdorff est un tombeau. Elle supporte cependant l'exil avec résignation et une grande égalité d'humeur. Elle en trompe les longues heures par l'étude, et lit beaucoup pour abréger le temps; et puis, l'espérance donne du courage et fait supporter bien des choses. Magicienne habile, elle transfigure toutes les positions. »

XI.

Nouveau portrait de Marie-Thérèse. — Sa bienveillance. — Sa majesté.

J'ajouterai peu de chose à ces portraits tracés par des mains diverses. S'ils manquent d'exactitude en quelques détails, ils suffisent cependant, ou peu s'en faut, pour faire connaître notre princesse.

Vingt-cinq ans se sont écoulés depuis qu'il fut donné à M. Didier de la voir; ils ont mis sur ses traits ennoblis par l'âge et sanctifiés par les épreuves de l'exil, comme un voile à travers lequel on admire toujours leur grâce et leur distinction. Ce que la jeune femme a perdu, la reine et la sainte l'ont gagné. Cette majesté de la douceur et de la piété a grandi dans les douleurs. Aujourd'hui plus que jamais, les yeux se reposent avec un respectueux bonheur sur cette noble et touchante figure. On ne saurait imaginer un regard plus serein et plus bienveillant, un sourire plus obligeant et plus gracieux, et, dans une femme, dans une reine, plus de noblesse, de dignité, d'affabilité, de douceur Tous ceux qui ont le bonheur de visiter Froshdorff,

— l'humble palais de la royauté bannie, — reviennent édifiés et charmés de la princesse. Elle accueille les visiteurs avec cette honnêteté qui vient du cœur et que rien ne peut contrefaire. Ils sont Français pour la plupart, elle les aime comme des amis, comme ses enfants. Si Henri V est présent, elle est heureuse qu'ils le voient, qu'ils l'admirent; elle se tait pour qu'ils l'entendent, elle l'écoute avec eux, fière de l'impression qu'il produit toujours. C'est son roi autant que son époux, elle est sa première sujette. S'il est absent, elle paraît et parle davantage, pour dédommager, autant qu'il est en elle, les fidèles voyageurs de l'absence d'Henri. Comme tous les siens, elle évite soigneusement, quoique sans affectation, tout ce qui pourrait ressembler à des récriminations contre les ennemis de sa famille. Elle excelle à excuser les fautes autant qu'à louer les vertus, et, si l'on rappelle en sa présence des actions absolument condamnables, elle se tait plutôt que de blâmer ou de mentir. Il passe alors dans son regard et dans son sourire quelque chose de doux et de délicat qui anime son silence et demande grâce pour ceux que la vérité ne permet pas de soutenir.

En affirmant que toutes les personnes du château, amis et serviteurs, ont pour la reine un res-

pect, une affection qui tiennent du culte, non-seulement je ne crains pas d'être démenti, mais je suis
sûr de faire éprouver à ces cœurs fidèles la plus
douce satisfaction. Jamais elle n'a dit à qui que ce
fût une parole blessante; jamais même sa voix n'a
pris l'expression de l'impatience et de l'humeur. Si
elle est forcée de reprendre, c'est avec un accent
et un regard si doux qu'on regrette aussitôt la peine
qu'on lui a causée.

Avec les étrangers, Marie-Thérèse témoigne cet
empressement attentif et gracieux, mais en même
temps tranquille et doux, qui est la marque d'une
éducation supérieure et le cachet de la vraie grandeur. Tout est disposé, tout est prévu. On n'aper-
çoit ni soins ni préparatifs, et l'on jouit de tous
les plaisirs que peut procurer, dans cette maison
de l'exil, la plus industrieuse bonté. La reine veut
savoir les désirs et les goûts de ses hôtes pour les
satisfaire. On dirait qu'elle les devine. Les ordres
sont donnés : et les chasses, les promenades, les
ectures, les causeries, tout vient à point et, comme
tout seul, réjouir les visiteurs. Souvent la reine
anime elle-même de sa présence ces distractions,
et, souvent aussi, elle prend sur son temps, sur ses
projets, sur ses goûts pour procurer ce bonheur à
ces visiteurs dévoués.

Mais qu'on ne croie pas qu'elle réserve aux seuls visiteurs d'une position élevée ces soins bienveillants, ces égards affectueux. Froshdorff voit arriver chaque jour des Français de tous les rangs, même les plus humbles, et tous y trouvent le même accueil. Henri V n'est pas le roi d'une classe privilégiée, il faut le redire sans cesse pour répondre à une calomnie toujours répétée, toujours dangereuse : il n'est pas le roi des nobles, ou des riches, ou du clergé. Il a trop d'expérience pour croire que le dévouement aux principes monarchiques soit l'apanage exclusif des classes élevées et des anciennes familles. Il est le roi de tous les Français ; il les aime, il les accueille tous avec bonheur. Ce qu'il préfère, ce qui seul donne droit à sa confiance, à son estime, c'est le dévouement, la probité, la grandeur du caractère, la dignité de la vie. Voilà ce qu'il aime et ce qu'il honore. On l'a vu combler d'honnêtetés de simples ouvriers, s'entretrenir longtemps avec eux des questions qui les intéressent, les admettre à sa table en compagnie des plus grands seigneurs. Telle est aussi la conduite de Marie-Thérèse, car ces deux cœurs n'en font qu'un. La noble archiduchesse, la fille des Hapsbourg et des Brunswick accueille avec une charmante affabilité tous ceux qui viennent du pays de France; elle les interroge, elle les écoute, elle répond elle-même à leurs questions; par cela seul qu'ils sont Français et fidèles, ils sont des amis de la maison. Et cette bienveillance affectueuse est toujours digne et souveraine; en charmant le cœur, elle impose toujours le respect. Marie-Thérèse est toujours reine; au sortir de ces entretiens avec les plus petits d'entre ses sujets, où son affabilité semble timide à force de simplicité et de modestie, elle aborde les rois étrangers avec cette grandeur facile et sereine dont nos princesses avaient le secret, et qui rappelle que la maison de Bourbon est l'aînée des maisons souveraines et que le roi de France n'a pas d'égaux.

XII.

Energie de Marie-Thérèse.

Sous ces dehors gracieux et délicats Marie-Thérèse cache une singulière énergie. Ceux qui vivent avec elle s'accordent à le dire : il y aura dans cette humble femme une grande reine. Les événements feront voir en elle un rare caractère de force; les

dangers y révéleraient un courage surprenant.
Deux fois elle a vu la révolution de très-près : en
1831, quand les Bonaparte, à la tête des sociétés se-
crètes, attaquaient tous les trônes de l'Italie, et, en
1848, quand Charles-Albert, sous prétexte d'af-
franchir son pays, préludait au programme ambi-
tieux de l'unité italienne avec Rome pour capitale. La première fois, Marie-Thérèse n'avait pas
quinze ans, elle montra cependant une résolution
étonnante : son amabilité, sa confiance en Dieu,
son courage consolèrent l'exil des siens. La seconde
fois, elle était épouse et reine. La révolution la
surprit à Venise où elle résidait avec son mari. Le
premier moment fut terrible. Tout ce qu'il y avait
à Venise de personnages considérables, se hâte de
quitter la ville. Don Juan et son épouse, l'archiduchesse Marie Béatrix, furent du nombre. Ils se ré-
fugièrent en Angleterre. Henri V et son épouse
persistèrent à rester. Le prince voulait voir de près,
et, pour ainsi dire, étudier sur place, la révolution,
ce terrible ennemi des rois. Il était sur la place
Saint-Marc quand des coups de feu furent échangés;
à quelques pas de lui un homme du peuple tomba
frappé d'une balle. La princesse, pendant ce temps,
était restée au palais Cavalli. On admirait sa tran-
quillité; elle n'exprimait pour elle aucune inquié-

tude; ses seules alarmes étaient pour le roi. Il faut le dire, les insurgés se montrèrent pleins d'égards et de respects envers Henri V et sa famille. Ils n'étaient connus dans Venise que par leurs bienfaits, aussi n'y reçurent-ils aucun outrage. Ils n'en partirent que plusieurs jours après l'insurrection, à leur heure, pour ainsi dire, et par des motifs de haute convenance 'où la nécessité ni la crainte n'entraient pour rien.

C'est à Froshdorff qu'ils se retirèrent.

Peu de jours après, l'insurrection de Vienne les soumit à de nouvelles épreuves. Des bandes d'ouvriers révoltés parcoururent le pays. Il y en eut une qui se dirigea sur Froshdorff, qui n'est qu'à quelques heures de cette capitale. La misère de ces hommes égarés était à son comble; ils manquaient de tout. Marie-Thérèse, prévenue de leur arrivée, les attendit sans alarmes. Elle leur fit donner du pain, des vêtements et d'autres secours, et ne quitta sa résidence que plusieurs jours après leur départ. C'est à Ebenzweyer, chez l'archiduc Maximilien, son cher oncle et fidèle ami, qu'elle alla chercher un peu de repos.

XIII.

Instruction de Marie-Thérèse.

Par son instruction, Marie-Thérèse est supérieure à la plupart des personnes de son rang. On ne le sait pas assez en France. Son excessive modestie, disons le mot, sa religieuse humilité, n'a rien négligé pour le laisser ignorer. Les visiteurs d'un jour ne voient qu'une princesse affable et charmante, une admirable chrétienne, une Française dévouée. Mais elle ne peut cacher à ceux qui vivent autour d'elle les connaissances variées, l'instruction étendue et solide, la forte et belle intelligence qui font d'elle une femme d'un grand mérite. Elle parle parfaitement l'italien et l'allemand qui sont pour elle des langues natives. Elle s'exprime aussi très-bien en anglais. Quant au français, très-peu de personnes le savent mieux qu'elle. Ce n'est pas comme une langue qu'elle ait apprise ; on dirait qu'elle n'en a jamais connu d'autre. J'ai vu très-attentivement plusieurs de ses lettres. Elles étaient adressées à une famille d'intimes amis, et, par conséquent, écrites à l'aise et sans précautions ; j'y cherchais quelques-unes de ces incorrections qu'évitent si difficilement les étrangers qui parlent notre langue. Il ne me fut pas possible d'en découvrir une. Marie-Thérèse n'est pas étrangère ; la langue française est sa langue naturelle comme la France est sa vraie patrie. M. Didier parle avec raison d'un peu d'accent italien qu'il remarquait en 1848 dans la prononciation de la princesse. Il verrait aujourd'hui que ce petit défaut a disparu. Pendant vingt-cinq ans, la reine n'a vécu habituellement qu'avec des Français ; elle parle absolument comme eux. L'histoire, et surtout la nôtre, lui est admirablement connue ; elle sait très-intimement notre littérature nationale, notre géographie, les lois, les mœurs, les traditions, les habitudes de la France. Un caractère naturellement laborieux et attentif, un esprit facile et patient, une éducation très-surveillée lui ont valu ces rares avantages. Marie-Thérèse a été de bonne heure la confidente de son père et de ses oncles ; elle a été surtout l'intime amie du saint archiduc Maximilien. Ce commerce avec des hommes instruits et sérieux avait élargi son intelligence et mûri son jugement. Les recueillements d'un long exil, les visites des Français les plus distingués dans tous les genres, de grandes épreuves, de continuelles douleurs, et, par-dessus tout, son union avec Henri, ont achevé de la former.

En France, où l'éducation des femmes est en général si superficielle, c'est une espèce de préjugé que celles qui sont plus instruites sont aussi plus prétentieuses et moins simples. On en juge d'ordinaire par l'exemple de quelques femmes à demi savantes auxquelles une médiocre instruction a donné beaucoup d'orgueil. La science véritable donne, au contraire, une sincère et gracieuse modestie. En élevant l'âme, elle lui fait apercevoir de haut l'infinité des choses qu'elle ignore, et combien est peu ce qu'elle sait. Celui qui ne sait rien juge de tout. Rien, au contraire, ne fait hésiter comme un véritable savoir; rien ne rend indulgent pour les autres comme une grande supériorité. Marie-Thérèse est plus simple avec sa véritable et solide instruction, que la plupart des femmes du monde avec leur médiocre savoir. Il faut le dire, c'est qu'elle est surtout plus religieuse.

XIV.

Piété et charîté de Marie-Thérèse.

La piété, dans les familles d'Este et de Hapsbourg, est un patrimoine. Notre princesse l'a reçue en héritage, tous les exemples qui ont entouré son enfance l'ont enracinée dans son cœur; elle dirige toutes ses actions, éclaire sa vie et gouverne son âme. Marie-Thérèse est une vraie fille de saint Louis. Elle rappellera nos saintes reines : l'épouse de Louis XIV, Marie-Thérèse d'Autriche, celle de Louis XV, Marie Leczinska, la grande dauphine, mère de Louis XVI, et surtout sa fille, la dernière dauphine, l'orpheline du temple dont elle a été pendant cinq ans la compagne et l'amie. Notre reine a la même piété, la même charité, mais avec quelque chose de moins austère et de plus gracieux, qui rendra ses exemples plus chers à notre faiblesse. La prière est son bonheur, la communion fait ses délices : elle la reçoit très-fréquemment, et toujours avec une rare préparation ; plusieurs fois chaque jour elle visite le Dieu du tabernacle dans la chapelle de Froshdorff. C'est là qu'elle prie assidûment pour la France et pour le roi. Le dimanche et les jours de fête, quand elle occupe, à côté du roi, la place d'honneur, au milieu de la colonie fidèle, on ne peut la voir si attentive et si recueillie sans bénir Dieu qui nous l'a donnée, sans désirer d'être soi-même meilleur et plus religieux.

Elle aime et soulage les pauvres à Froshdorff comme à Modène. J'ose même dire qu'il n'y a pas de pauvres autour d'elle, dans le vaste rayon de sa charité. Elle a visité et secouru tous ceux qui l'étaient ; aux uns elle a procuré du travail, aux autres elle a donné du pain. Il peut rester des malheureux, il ne reste pas d'indigents. M. Muret et M. Charles Didier se trompaient en disant qu'elle était appelée à posséder une fortune immense. Le grand-maître des chevaliers teutoniques — sur la succession duquel on comptait en l'affirmant — ne lui a laissé que des œuvres à faire. Marie-Thérèse n'a pas plus de deux cent mille livres de rente. Mais c'est assez ; la toilette et la représentation prennent si peu sur cette somme, qu'elle passe, pour ainsi dire, tout entière aux pauvres. Que d'infortunes le savent, en France et à l'étranger ! La princesse dispose aussi de la fortune du roi. Henri V donne ce qu'il faut aux convenances de sa naissance et de son rang, à l'amour des arts et des sciences, dans tous les temps si chers à ses devanciers, à toutes les inspirations dignes d'un grand prince, mais le reste — et c'est la plus grande part — revient à la charité. Marie-Thérèse le répand : c'est sa fonction, c'est sa joie. Ce sont ces admirables vertus, cette charité, cette piété qui lui ont fait donner le beau titre, sous lequel on la désigne en Autriche, d'ange de Froshdorff.

Ah ! que les républicains ne nous disent plus que la royauté coûterait cher à la France. La royauté d'Henri IV et de saint Louis ne nous coûtait rien, elle nous enrichissait, au contraire, par sa Providence paternelle. Ce qui coûte aux peuples, ce n'est pas tant ce que dépensent leurs chefs, que ce qu'ils acquièrent, et nos rois n'ont jamais rien acquis pour eux. Ils donnaient au contraire à la France tout le bien qu'ils pouvaient avoir. Ils lui payaient sa dot en l'épousant, et la noble fiancée n'apportait au contrat que son amour. Les révolutions sont venues, et il a paru, dans l'adversité de nos princes, combien leur prospérité avait été secourable. Ils n'avaient rien, et tandis que les d'Orléans et les Bonaparte s'étaient assuré de longue

main un avenir opulent, Louis XVIII et Charles X
n'emportaient dans leur exil que des drapeaux sans
tache et l'amour des gens de bien. Non, la royauté
légitime et chrétienne ne nous coûtait pas, car elle
ne s'enrichissait pas. C'est l'usurpation qui nous a
ruinés, l'usurpation sur le trône et l'usurpation des
républicains. — On les a vus, on les a jugés ; ils
prêchaient l'amour du peuple en s'enrichissant de
ses sueurs et de ses peines ; ils criaient l'égalité
et singeaient les princes, hormis pour la générosité et la bonté. Ils sont venus pauvres et devenus
riches. Sans souci du peuple qui paie toujours, et
de la République qui n'est qu'un mot, ils faisaient
en peu de jours ces fortunes scandaleuses dont
l'Europe s'est indignée. Voilà ce qui coûte à la
France. La royauté légitime ne lui a jamais rien
emporté. Mais, je veux le dire après bien d'autres,
parce qu'on ne le sait pas encore assez : Henri V
et Marie-Thérèse ne veulent pas même cette opulente représention, si reprochée à deux ou trois de
leurs devanciers. « Je suis convaincu, disait M. Didier en parlant du roi, qu'il n'aurait pas même de
Cour. » Et moi aussi, j'en suis convaincu, si l'on
entend par ce mot des vanités onéreuses au pays,
de pompeuses superfluités. Sans doute, l'homme
qui représente le premier peuple du monde, doit le

faire avec noblesse et magnificence. Mais que nos économistes se rassurent! Henri V est homme de son temps. Les événements l'ont instruit, la religion l'a formé. Il aura surtout la grandeur que donnent la vertu, le pouvoir légitime et l'illustration des aïeux. Celle-là ne coûte rien, et elle suffit. Saint Louis n'en avait pas d'autre à Tunis, et ses vainqueurs tombaient à ses pieds. Celui qui se montre si grand dans l'exil, qui commande à si peu de frais l'admiration de l'Europe, n'aura pas besoin de grands revenus pour être magnifique sur le trône. Laissez venir avec lui la noble femme qui se fait vénérer par ses vertus; elle ne nous prendra que nos cœurs.

XV.

Amabilité de Marie-Thérèse. — Sa profonde douleur. — Sa religieuse résignation.

La piété de Marie-Thérèse ne l'empêche pas d'accorder au monde, à ses convenances, à ses habitudes, ce qu'on doit attendre d'une princesse. Autre est la religion des solitaires, autre celle des princes ; ou plutôt la religion est la même, mais elle n'impose pas à tous les mêmes devoirs, et elle commande à chacun de connaître et d'aimer les siens. Quelle princesse fut plus pieuse que Madame Élisabeth? et laquelle aussi fut plus aimable? Elle est restée dans les esprits comme le modèle et l'idéal de la piété à la Cour. Notre Marie-Thérèse a quelque chose de ce caractère. Avec une instruction plus solide, et une plus grande expérience, elle lui ressemble par les sentiments et les goûts. A Modène, elle faisait le charme de la petite Cour de son père ; elle y prenait part aux fêtes, aux amusements, aux plaisirs ; elle en était l'âme et l'ornement. Quand elle entrait dans les superbes salons du palais ducal, une expression de bonheur paraissait sur tous les visages. Les cœurs couraient au-devant d'elle. Pleine de décence et de modestie, mais pleine aussi de vivacité et de joie, elle y apportait une animation qui manquait toujours en son absence. Elle tient de sa double origine allemande et italienne un très-vif sentiment du beau, l'amour exalté des arts, principalement de la musique qu'elle a cultivée avec un rare bonheur, une gaîté, un entrain, dont les visiteurs de Froshdorff ont été souvent surpris et toujours charmés. Dans ce palais de l'exil, où sont venus des princes souverains et des célébrités de tous les genres, elle a donné parfois des fêtes dont l'éclat et la beauté n'avaient à redouter aucune comparaison, et qui rappelaient les meilleures traditions de la Cour de France. Les années n'ont pas changé le caractère de notre princesse. Toujours affable et joyeuse à tous, parce qu'elle est toujours bonne et pieuse, elle aime le plaisir des autres ; elle sourit à leurs amusements, à leurs jeux ; et dans la mesure, toujours admirablement comprise des convenances de son âge et de son rang, elle veut s'y trouver et y prendre part.

Cependant, personne en Europe ne l'ignore, il y a une blessure à ce cœur, une lourde croix sur ces épaules. Il y a comme un nuage sur ce regard si calme et si doux. On ne tarde pas à s'en apercevoir quand on le contemple avec attention. Le sort a trompé les vœux de Marie-Thérèse et sa plus chère espérance. Elle voulait faire le bonheur d'Henri et elle le fait ; elle voulait aussi faire le nôtre, et l'heure vient où ce rêve va s'accomplir. Mais elle nourrissait une autre espérance ; elle offrait au ciel une autre prière qui n'a été que l'occasion d'une résignation religieuse et d'un généreux sacrifice. Depuis longtemps, Marie-Thérèse s'est détachée de la vie ; elle se croit inutile à notre bonheur. Un jour, dans une chasse à cheval, le roi s'était séparé d'elle et tardait beaucoup à revenir ; l'inquiétude de l'auguste épouse était poignante et croissait encore à chaque minute. Un seul écuyer restait près d'elle ; Marie-Thérèse le conjurait de courir à la recherche du roi. Cependant le gentilhomme ne jugeait pas que le danger fût au point qu'il dût laisser la reine seule. Madame me pardonnera, dit-il, mais je ne puis la quitter. « Hélas ! à quoi suis-je bonne ! » murmura tout bas la reine. — Dieu est le maître, la pieuse princesse le sait bien. Il lui a laissé la croix, sans recevoir le sacrifice, qu'il soit béni ! qu'il donne à notre reine longues années de vie et de joie. Ses desseins sont inconnus et toujours parfaits. Qui sait si la résignation de Marie-Thérèse et la nôtre ne vaut pas plus que l'accomplissement de nos désirs pour la fin de nos discordes, pour l'union de tous les partis, pour la paix de la France et du monde?

XVI.

Avenir de la France. — Son retour aux anciennes traditions.

Français, les événements se précipitent vers un avenir inconnu. L'opinion publique de plus en plus égarée pousse la France aux abîmes, et les plus terribles leçons de la Providence sont impuissantes à la ramener. La révolution a son inexorable logique : la France lui a donné la main, elle marche avec elle vers la terrible conclusion, c'est-à-dire vers une effroyable anarchie. On croit l'arrêter avec des demi-moyens, on ne fait que ralentir un peu sa marche. Elle use, elle broie rapidement les institutions et les hommes qui prétendent lui faire obstacle. Elle poursuit son chemin avec une rapidité que la compression ne fait qu'augmenter. Elle a brisé les Bonaparte et les d'Orléans, la force et la ruse, comme elle avait brisé Mirabeau et les Girondins, comme elle a brisé tous les juste-milieu, tous les fusionneurs et tous les doctrinaires. Jules Favre, Picard, Trochu, tous les modérés du 4 septembre eussent été écrasés comme les autres s'ils avaient gardé le pouvoir quelque temps de plus. M. Thiers est certainement le plus habile de tous ceux qui ont essayé d'endormir le monstre pour le museler. Il n'aura pas meilleur succès que les autres. Soit qu'il la caresse ou qu'il essaie de la frapper, l'hydre se dressera contre lui. Heureux s'il ne perd que son pouvoir dans cette lutte! C'est une œuvre impossible de vaincre le mal autrement que par le bien, de consolider l'autorité de la révolte, de légitimér l'usurpation; c'est l'entreprise de la sagesse humaine contre la Providence de Dieu; elle ne s'achèvera jamais. C'est un ouvrage maudit, comme la tour qui devait monter jusqu'au ciel, comme les constructions de l'Apostat qui voulait contredire les prophéties. Il vient quelques jours de succès, l'ouvrage sort de terre; on applaudit, on crie victoire! Et tout à coup le feu du ciel a tout dévoré. Quand donc les habiles comprendront-ils que Dieu est le maître et qu'on ne fait rien de bon sans lui?

La révolution ne sera vaincue que par le roi, la France ne sera sauvée qu'en revenant à l'autorité légitime, la seule qui vienne de Dieu. Encore faut-il que ce retour au bien soit sincère et généreux, qu'il ait le caractère d'une conversion. S'il était le résultat d'une combinaison, d'une transaction entre le bien et le mal, nous serions perdus, nos malheurs recommenceraient. Voici quatre-vingts ans bientôt que les sages de la révolution veulent faire cet arrangement, ce contrat. Ils sentent bien que l'autorité manque à la société comme ils l'ont faite, et que, faute d'une autorité légitime, incontestable, on arrive tôt ou tard à l'anarchie, à la mort. Ils voudraient appeler le roi au secours de leurs usurpations menacées, faire consacrer leurs injustices par le représentant du droit éternel, planter les lis sur le fumier. La révolution ne serait pas vaincue, elle triompherait au contraire en s'assurant l'avenir ; après avoir tout détruit, elle demanderait au roi, c'est-à-dire à la justice, à la vérité, l'éternité pour l'anarchie, l'inviolabilité pour le mal. Elle lui offrirait en retour un trône où elle monterait avec lui, pour l'en précipiter s'il essayait de faire le bien, si elle espérait pouvoir se passer de lui. Elle lui laisserait le nom de roi à la condition qu'il fût son sujet. Ainsi Satan offrait à Jésus l'empire du monde s'il commençait par l'adorer. Voilà l'alliance proposée, le mariage en question, le mariage de la Révolution avec le roi. Il faut parler franchement : c'est une courtisane enrichie qui veut assurer et illustrer sa fortune en l'abritant sous un beau nom. Elle offre la couronne à l'héritier de saint Louis, comme si la France lui appartenait, comme si le roi ne pouvait monter sur son trône sans qu'elle lui eût donné la main.

Certes, je comprends l'hésitation de beaucoup de royalistes sincères. Ce n'est pas moi qui voudrais blâmer ou railler leurs incertitudes, leurs souffrances. Ce n'est pas moi qui porterais la division dans nos rangs, l'affliction dans des cœurs fidèles. Qui peut prétendre pour lui et les siens le monopole du dévouement? Henri ne repousse aucun service, il honore tous les caractères généreux, toutes les convictions loyales, même celles qu'il ne partage pas. Quel exemple pour ses amis, pour ses sujets! Il y a des hommes de cœur, mais trop habitués à compter sans Dieu, qui croient n'avoir à choisir qu'entre deux maux : la Révolution anarchique qui est à nos portes, prête à ramener les plus mauvais jours, et celle qu'on appelle modérée, c'est-à-dire l'ordre sans tradition, sans principe, au besoin même, sans religion, sans Dieu ; l'ordre avec ceux qui ont fait le désordre et qui voudraient éterniser leur ouvrage. Or, ces deux révolutions ont chacune leur drapeau : l'un qui flottait sur les échafauds en 93, l'autre qui portait à travers le monde les principes qui nous ont perdus. De ces deux formes de la révolution, de ces deux emblèmes, on accepterait l'une de peur de l'autre, pour faire halte avec le roi sur la pente qui mène au gouffre. Dans cette situation illogique et fatale, on se croirait d'autant plus fort en combattant les anarchistes d'aujourd'hui qu'on aurait ceux d'hier pour alliés.

Eh bien! j'oserai le dire aussi bien aux conservateurs de la Révolution qu'aux royalistes impatients ou découragés; non, dans ces conditions, le retour du roi ne serait pas la fin de la révolution, il n'en serait qu'une phase nouvelle, peut-être la plus triste et probablement la plus éphémère. Ce « Français de plus » ne pourrait rien pour nous sauver, il ne se sauverait pas lui-même. Bonaparte disait en parlant de Louis XVIII : « Je lui laisse un bon lit, qu'il s'y couche, il y sera bien. » Louis XVIII s'y coucha, mais il n'y put dormir longtemps. Après quelques mois, il fallut aller coucher à Gand, et son frère dort à Goritz. Non, le roi ne peut pas régner avec les idées, les institutions et les hommes de la Révolution, il a mieux à faire que de s'asseoir sur le trône de Philippe et de Bonaparte. Il remontera sur le sien, sur le trône de saint Louis, il y fera monter avec lui la vraie liberté, la justice, la religion. A quoi bon tant de pressentiments et tant d'oracles, tant de grandeurs et tant de vertus, une si admirable protection du ciel, pour aboutir à ce médiocre destin de continuer nos erreurs et nos fautes, d'essayer de les 'rendre éternelles en les couvrant du sceau royal? Non, je ne crois pas que ce soit le dessein de Dieu. Je crois, j'espère que la restauration d'Henri sera un retour sincère de la France à ses grandes traditions, aux grandes lignes de son histoire et de sa mission, une conversion nationale au bien et à Dieu, peut-être le signal d'une conversion européenne, car l'Europe suit presque toujours la France dans le bien comme dans le mal. J'espère que ce sera l'aurore d'une ère nouvelle de justice et de bonheur. Voilà comment j'ai toujours compris la destinée de cet enfant du miracle. Puisse-t-elle s'accomplir bientôt et n'être pas précédée par de grands malheurs!

XVII.

Sublime mission réservée à Marie-Thérèse.

C'est dans ce cadre d'une restauration immense et généreuse, d'un règne puissant et glorieux qu'il faut voir la douce figure de Marie-Thérèse et comprendre sa sublime mission. Nos rois étaient sans doute les plus pieux et les plus aumôniers de la terre, et Henri V est l'héritier de leurs vertus comme de leurs droits. Mais la main qui porte le sceptre et l'épée ne peut pas toujours essuyer les pleurs du pauvre et orner les saints autels. Ce sera la fonction de la reine et sa gloire. Elle sera l'image de la charité sur le trône, non plus de cette charité officielle dont les bienfaits sont un moyen politique, une ressource de gouvernement, mais de l'humble et chrétienne charité, de celle dont les dons secrets ne se trahissent que par leur nombre et leur abondance (1). Avec la charité elle

(1) J'ai vu naguère un Français qui venait de Froshdorff. Après avoir quitté la famille royale, il s'était rendu à Rome pour présenter ses hommages au Saint-Père, une autre Majesté — et la première de toutes — dont la révolution a fait sa proie. Au moment où il prenait congé de notre reine, cette princesse lui remit une petite boîte cachetée, à l'adresse d'un éminent prélat de la Haute-Italie. « Evidemment, me dit le visiteur, c'était l'or de la charité. Autant que j'en pus juger d'après le poids, il y avait au moins cent louis. — » Je ne pouvais croire que le prélat auquel cette commission s'adressait, et qui occupe un des premiers siéges de l'Italie, fût dans le besoin. C'était vrai pourtant, les journaux religieux l'apprirent, peu de jours après, à toute l'Europe. Dépouillé de tous ses biens par le gouvernement du galant homme, il attendait encore les premiers termes de la pension qui lui avait été

portera sur le trône la piété et toutes les vertus de la religion. Pendant que le roi guérira les plaies de la nation par la sagesse et la force de son règne, par ses admirables exemples Marie-Thérèse concourra puissamment à la réforme de nos mœurs.

On a beaucoup dit que les femmes françaises ont besoin d'un grand exemple. Dans les principales villes, dans les familles qui rayonnaient autour des pouvoirs usurpateurs et dans beaucoup d'autres, la vie chrétienne a presque disparu du foyer domestique avec ses précieuses pratiques et ses habitudes touchantes. On vit aux affaires, aux plaisirs, à l'ambition, on ne vit presque plus à Dieu, c'est-à-dire à soi-même, à son âme, à son immortel destin. C'est le règne du matérialisme, c'est le retour du monde païen. Et les femmes sont loin de nous arrêter sur cette pente. Elles qui doivent donner le ton et conduire les mœurs, elles ont suivi au contraire la voie commune, elles sont allées à la dérive des passions, des caprices, des folies du temps. Qui ne s'est plaint des fureurs du luxe, de l'indécence des amusements, du dévergondage des lectures, de la légèreté des chants et des propos, de l'impudence des spectacles? Non, on ne peut plus promise en dédommagement. Ainsi l'usurpation restait dans son rôle et la légitimité dans le sien.

le méconnaître, nous étions sur une pente de relâchement et de désordre où notre société devait infailliblement périr. Les mœurs s'en allaient comme la religion qui doit les garder; nous allions nous-mêmes par degré à l'abaissement de caractère, à la corruption où le vieux monde a trouvé sa fin. Peut-être est-il heureux que cette dernière guerre nous ait éveillés au moment où nous pouvons encore nous relever et nous guérir. Nous voyons où nous en sommes et toute l'étendue de nos misères. Avant peu il eût été peut-être trop tard.

Mais si la France peut être sauvée, elle ne peut l'être qu'en revenant à la religion et aux bonnes mœurs qui sont la force et la santé des empires. Ici les constitutions et les lois ne feraient rien. — Quelle loi peut obliger les hommes d'être vertueux? — Il faut des influences et des exemples. C'est aux femmes à remettre la vertu à la mode et la religion en honneur. Elles n'ont qu'à le vouloir, car leur influence est irrésistible, et le monde est bientôt guéri quand elles sont ses modèles au lieu d'être ses complices.

Marie-Thérèse présidera à ce travail d'édification nationale; elle donnera le ton à la haute société française. Sa douce et charmante piété, sa charité, sa modestie, sa simplicité l'entraîneront dans le bien. En la voyant si digne et si bonne, si grande par la naissance et la destinée, et si humble par religion, qui ne se ferait un honneur de ces vertus trop négligées? Elles deviendront une distinction pour les grands, plus voisins du trône, un sujet d'émulation pour tous. La simplicité reparaîtra dans les mœurs, la décence dans les plaisirs, la modestie dans les tenues, le bon goût dans les lettres et dans les arts. Chez un peuple comme nous profondément monarchique, l'exemple de la famille régnante est tout-puissant, surtout quand les princes joignent l'intelligence à la vertu, l'énergie à la piété. Rappelés parmi nous à une heure de conversion religieuse et morale de la nation, Henri V et Marie-Thérèse exerceront sur nos mœurs et sur nos vertus la plus religieuse influence. Chacun dans la sphère qui lui convient, et à la manière qui lui est propre, ils seront nos conducteurs et nos modèles, des drapeaux placés devant nous par la Providence pour nous guider dans la voie du bien.

Voilà pourquoi j'ai osé parler de Marie-Thérèse, faire connaitre, dénoncer, pour ainsi dire, à la France des vertus qui semblent s'ignorer elles-mêmes, et qui tiennent tant à rester cachées. Elles sont à nous, ces vertus, c'est une précieuse partie de la fortune nationale. Ah! quel bien elles auraient fait parmi nous si la révolution n'en privait la France depuis vingt ans! Le premier, après nos revers, j'ai crié: Vive le roi! des milliers de lecteurs répondirent à ce cri, accueillant avec bienveillence les pages qui présentaient le portrait d'Henri. On me dit qu'elles ont pu contribuer à le faire connaître et, par conséquent, à lui gagner des cœurs. Le roi lui-même a mis le comble à ma joie en m'adressant les plus bienveillantes félicitations. Puissent ces pages nouvelles mériter le même honneur! Puissent-elles, en montrant la reine comme elle est, la faire aimer comme elle le mérite. J'aurais servi, en les écrivant, la cause de la monarchie, celle de la religion, et les plus chers intérêts de la France. C'est mon unique désir.

FIN.

TABLE.

FIN DE LA TABLE.

Imp. L. Toinon et Cie, à Saint-Germain.

VIVE LE ROI

Par PROSPER VÉDRENNE

In-8°. Prix : 1 fr. 25 c.; franco, 1 fr. 50 c.

« Le premier, grâces à Dieu, j'ai osé, après nos revers, crier : Vive le roi! et ce cri si national, si français, quoique poussé par une voix inconnue, a trouvé de nombreux échos.

» La France ne connaît pas son roi. Les ennemis du bien ont accumulé contre lui les préventions et les mensonges. Ils se sont efforcés d'empêcher la grande réconciliation que Dieu nous prépare et qui sera notre salut : la réconciliation du peuple et du roi, c'est-à-dire la fin de la révolution. Il faudrait qu'un homme de génie apprît à la France quel est son roi. Moi qui ne suis rien, mais qui adore mon pays, moi qui souffre tant à l'heure de ses confusions et de ses blessures, de ses discordes et de ses périls, j'ose élever la voix et parler à la France d'Henri V ! Qu'il vienne et qu'il nous sauve ! »

LECTURES DE FAMILLE

MARY & MI-KA. Histoire de deux membres de l'Œuvre de la Sainte-Enfance, par Michel AUVRAY. 1 beau vol. in-12. Prix.................................... 1 25

CALBY, ou les Massacres de septembre, par F. A. DE BOAÇA. 1 beau vol. in-12. Prix................. 2 »

SŒUR MIRANE, Épisode des massacres de Syrie, par Michel AUVRAY. 1 beau vol. in-12. Prix........... 1 25

LES VACANCES DE MADELEINE, par Michel AUVRAY. 1 beau vol. in-12. Prix.................................... 1 25

LA RELIGIEUSE DU CARMEL, roman chrétien, par l'abbé CASAMAJOR; ouvrage approuvé par Mgr GERBET, évêque de Perpignan. Deuxième édition. 1 beau volume in-12. Prix.................................... 3 »

AGNÈS L'AVEUGLE, Épisode des persécutions d'Irlande, traduction libre de l'anglais de miss CADDELL, par une religieuse des SS. CC. de Jésus et de Marie. Troisième édition. 1 beau vol. in-12. Prix................. 1 »

PROVERBES ET CHARADES à l'usage des maisons d'éducation, par Mme la comtesse DROHOJOWSKA. 1 beau vol. in-12. Prix.................................... 3 »

TABLE DES MATIÈRES
CONTENUES DANS CE VOLUME

Les Amies de pension, ou qui vivra verra. — Luxe et simplicité. — Les Caprices. — Madame Harpagon. — Les Caquets. — Les Inspirations du cœur. — Enfance et jeunesse. — La Sibylle villageoise. — L'Homme propose et Dieu dispose. — Les Entêtements. — Comme on sème on moissonne. — La Demoiselle de Saint-Cyr. — Sujets de proverbes. — Sujets de charades.

VIVE LE ROI, par Mgr DE SÉGUR, in-18. Prix...... » 25
Franco, 35 c.
25 exempl. franco.................................... 6 50

OUVRAGES DE Mᴳᴿ DE SÉGUR

A ceux qui souffrent. Conso-
lations. 1 v. in-18.   75 c.
  Par la poste....   1 fr.
Causeries. 1 v. in-18.   60 c.
  Par la poste....   75 c.
Le Concile. In-18...   20 c.
  Par la poste.....   30 c.
La Confession. In-18.   20 c.
  Par la poste....   30 c.
Conseils sur la Confession.
In-18..........   10 c.
  Par la poste....   15 c.
Sur la communion. In-18. 15 c.
  Par la poste....   20 c.
Sur la piété. In-18...   30 c.
  Par la poste....   40 c.
Sur prière In-18.   20 c.
  Par la poste....   30 c.
Sur les tentations. In-18. 30 c.
  Par la poste....   40 c.
Le De 1er de St-Pierre.
In-18..........   05 c.
  Par la poste....   10 c.
La Divinité de Jésus-Christ.
In-18..........   20 c.
  Par la poste....   30 c.
L'Église. In-18.....   10 c.
  Par la poste....   15 c.
L'Enfant Jésus. In-18   20 c.
  Par la poste....   30 c.
La foi. In-18......   40 c.

Les Francs-Maç. In-18. 30 c.
  Par la poste....   40 c.
Grosses vérités. In-18   10 c.
  Par la poste.....   15 c.
Instructions familières.
2 vol. in-12.......   5 fr.
  Par la poste. 5 fr. 50 c.
Jésus-Christ. 1 v. in-18 60 c.
  Par la poste.....   75 c.
La Liberté. 1 v. in-18. 1 f. 25 c.
Mois de Marie, In-18.   75 c.
  Par la poste....   1 fr.
La Messe. In-18....   40 c.
  Par la poste.....   50 c.
Les Objections populaires
contre l'Encyclique. 1 v.
in-18..........   15 c.
  Par la poste....   25 c.
Le Pape. In-18.....   15 c.
  Par la poste....   25 c.
Le Pape est infaillible.
In-18..........   10 c.
  Par la poste....   15 c.
Les Pâques. In-18.   05 c.
  Par la poste....   10 c.
La Passion de N. S. Jésus-
Christ. In-18.....   15 c.
  Par la poste....   20 c.
Pie IX et ses noces d'or. 40 c.
  Par la poste....   50 c.
La Piété enseignée aux en-
fants. 1 v. in-18. (franco. 3 fr.

— NOTIONS FONDAMEN-
TALES. In-18.....   25 c.
  Par la poste....   35 c.
— LE RENONCEMENT. In-
18..............   40 c.
  Par la poste....   50 c.
— LE CHRÉTIEN VIVANT
EN JÉSUS. 1 vol. in-18 de
300 pages.........   1 fr.
  Par la poste. 1 fr. 25 c.
— NOS GRANDEURS EN JÉ-
SUS. Première partie. 1 vol.
in-18......   1 fr. 25 c.
  Par la poste. 1 fr. 50 c.
— NOS GRANDEURS EN JÉ-
SUS. Deuxième partie. 1 v.
in-18......   1 fr. 25 c.
  Par la poste. 1 fr. 50 c.
— NOS GRANDEURS EN JÉ-
SUS. Troisième partie. 1 v.
in-18......   1 fr. 25 c.
  Par la poste. 1 fr. 50 c.
La Présence réelle. In-18 40 c.
  Par la poste....   50 c.
Prêtres et nobles. In-18 25 c.
  Par la poste....   35 c.
Prie-Dieu pour l'adoration
du Saint-Sacrement. 1
beau vol. in-32....   60 c.
  Par la poste.....   75 c.
La Religion enseignée aux
petits enfants. In-18 30 c.

Réponses aux objections les
plus répandues contre la
Religion. 1 v. in-18. 50 c.
  Par la poste.... 60 c.
La Révolution. 1 v. in-18. 60 c
  Par la poste....   75 c.
La Ste Vierge. 1 v. in-18 75 c
  Par la poste....   90 c.
Les Saints-Mystères. EXPLI-
CATION FAMILIÈRE DES CÉRÉ-
MONIES DE LA MESSE. In-
18..............   60 c.
  Par la poste...   75 c.
Le Souverain-Pontife. 1 v.
in-18 de 300 pages.   1 fr.
  Par la poste. 1 fr. 25 c.
Le Tiers-ordre de Saint-
François. In-18..   20 c.
  Par la poste....   30 c.
La très-sainte Commu-
nion. In-18......   20 c.
  Par la poste....   30 c.
Une petite sainte de neuf
ans. In-18.......   30 c.
  Par la poste....   40 c.
Vive le Roi: In-18.   25 c.
  Par la poste....   35 c.
Les Volontaires de la prière.
In-18, le Cent. 1 fr. 50 c.
  Par la poste. 1 fr. 75 c.
Y a-t-il un Dieu ? In-18 10 c.